CTIM

La ciencia de los VIAJES

Multiplicación

Kat Bernardo, M.Ed.

Asesoras

Michele Ogden, Ed.D
Directora, Irvine Unified School District

Jennifer Robertson, M.A.Ed.
Maestra, Huntington Beach City School District

Créditos de publicación

Rachelle Cracchiolo, M.S.Ed., *Editora comercial*
Conni Medina, M.A.Ed., *Gerente editorial*
Dona Herweck Rice, *Realizadora de la serie*
Emily R. Smith, M.A.Ed., *Realizadora de la serie*
Diana Kenney, M.A.Ed., NBCT, *Directora de contenido*
Stacy Monsman, M.A., *Editora*
Kevin Panter, *Diseñador gráfico*

Créditos de imágenes: pág. 11 Julio Bulnes/Alamy Stock Photo; pág.19 ilustración por Timothy J. Bradley; todas las demás imágenes de iStock y/o Shutterstock.

Teacher Created Materials

5301 Oceanus Drive
Huntington Beach, CA 92649-1030
http://www.tcmpub.com

ISBN 978-1-4258-2881-3

Contenido

¡Vamos de viaje!..4

Un avión a Hawái 6

Un helicóptero sobre Oahu 13

Maglev en movimiento 17

Diversión de dos pisos 22

Viaje subterráneo.. 24

¿A dónde irás? 27

Resolución de problemas 28

Glosario 30

Índice...31

Soluciones..32

Nota al lector: La lengua hawaiana incluye una letra que se parece a esto: '. Se llama okina. Representa una pausa entre dos sonidos. Otro símbolo hawaiano es el kahakō: ¯. Representa el sonido de una vocal larga. Para que sea más fácil la lectura, en esta historia se usa la escritura estándar en español.

¡Vamos de viaje!

A muchas personas les encanta salir de vacaciones con la familia. Por suerte, no tienes que ir lejos para pasarla bien. Hay aventuras cerca de casa. Puedes pasar el día visitando museos y parques de tu vecindario.

¿Y si quieres viajar más lejos de casa? Tal vez quieras visitar a familiares y amigos que viven lejos. O quizá quieras conocer todo lo que puedas en un nuevo lugar.

Big Ben
(Reino Unido)

La Torre Eiffel
(Francia)

El Coliseo
(Italia)

La Esfinge y las pirámides
(Egipto)

Sin importar tu elección, probablemente necesites algún tipo de transporte para que te lleve adonde quieres ir. Ya sea por aire o por tierra, lejos o en tu propio jardín, el viaje en sí puede ser parte de la diversión. ¡Empaca tus cosas y abróchate el cinturón! ¡Llegó la hora de ir de vacaciones en familia!

La Estatua de la Libertad (Estados Unidos)

La Torre de Pisa (Italia)

El Taj Mahal (India)

La Pirámide de Kukulcán (México)

Un avión a Hawái

Sergio y Katia Burgos van a hacer su primer viaje en avión. ¡Están tan emocionados! Su familia va de vacaciones a Hawái. Tienen sus boletos, y los espera una habitación de hotel. ¡Lo único que les queda es volar!

Los Burgos van en auto al aeropuerto. Una vez allí, llevan sus pesadas maletas hasta donde está la empleada de la aerolínea. Como son tan grandes, deben ir en la bodega del avión. La empleada pega una etiqueta especial en las maletas. Luego, coloca las maletas en una larga **banda transportadora** detrás del mostrador. Sergio se preocupa al ver que su maleta desaparece de la vista. La empleada le dice que la etiqueta del equipaje tiene un código de barras. Una computadora lo va a escanear. Luego, los empleados colocarán la maleta en el avión correcto.

Una familia espera a que una empleada del aeropuerto etiquete su equipaje.

EXPLOREMOS LAS MATEMÁTICAS

¡Ay, no! La empleada de la aerolínea se está retrasando. Muchas personas vinieron al mostrador al mismo tiempo para registrarse. Ahora hay 4 carros cargados con equipaje esperando su etiqueta. Cada carro tiene 6 maletas.

1. ¿Cuántas maletas hay en total?

2. Las maletas les pertenecen a 8 personas. Si cada persona trajo la misma cantidad de maletas, ¿cuántas maletas trajo cada una?

sustentación

resistencia

empuje

gravedad

Una inspectora de seguridad controla las maletas mediante rayos X para que todos estén seguros.

8

Cuatro fuerzas

Antes de abordar el avión, los Burgos deben pasar por seguridad. Katia se quita los zapatos. Los coloca sobre una cinta transportadora con su pequeño bolso de mano. Las cosas pasan por debajo de una caja de metal mientras una empleada controla la pantalla. ¡Katia ve una radiografía de sus zapatos y su bolso! La empleada le cuenta que hace esta verificación para asegurarse de que las personas sigan las reglas. Quiere que el aeropuerto sea seguro.

Los Burgos llegan a la puerta y esperan para abordar su avión. Sergio le pregunta a su papá cómo es posible que algo tan grande pueda volar. Su padre le explica que tiene que ver con cuatro **fuerzas**. La **gravedad** atrae el avión hacia la tierra. La **sustentación** del movimiento hacia enfrente del avión lo empuja hacia arriba. La sustentación de un avión debe ser más fuerte que la gravedad para que el avión pueda despegar. La **resistencia** generada por el tamaño y la forma del avión hacen que la velocidad disminuya. Pero el **empuje** de los motores hace que el avión se mueva hacia delante. El piloto se asegura de que el empuje del avión sea más fuerte que la resistencia. Estas cuatro fuerzas trabajan juntas para hacer que el avión se desplace.

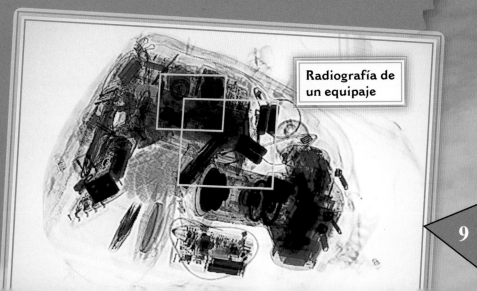

Radiografía de
un equipaje

Los Burgos abordan su avión y se abrochan los cinturones.
Cuando llega el momento de volar, Sergio escucha el zumbido
de los enormes motores. El avión comienza a moverse más
rápido. Entre más rápido va, más el empuje sobrepasa la
resistencia del avión. De pronto, siente que el avión está en
el aire. ¡La sustentación rápidamente sobrepasa la gravedad!
Sergio mira por la ventana mientras el avión vuela más alto. Los
automóviles y los árboles se ven cada vez más pequeños.

Se escucha la voz del piloto en el **intercomunicador**. Dice
que están volando a 34,000 pies (10,300 metros) sobre la tierra.
¡Esa es la longitud de más de 100 campos de fútbol! También
dice que Hawái está formado por ocho islas principales. Ellos
van a Oahu. Es la tercera isla más grande. El piloto dice
que tardarán unas 10 horas en llegar a Hawái. Agrega, "Así que
siéntense, relájense y disfruten el vuelo".

Niihau

Kauái

Molokái

Maui

Oahu

Lanái

Hawái

Kahoolawe

Mientras el auxiliar de vuelo camina por el pasillo, les cuenta a los pasajeros acerca de las islas.

1. Niihau es la séptima isla más grande de Hawái; por lo tanto, es más pequeña que Oahu. En su punto más ancho, ¡Niihau tiene solo 6 millas de ancho! Oahu es 5 veces más ancha que Niihau. ¿Cuántas millas de ancho tiene Oahu?

2. Oahu es 3 veces más ancha que la quinta isla más grande, Molokai. ¿Cuántas millas de ancho tiene Molokai?

Honolulú, Hawái

Un helicóptero sobre Oahu

Cuando los Burgos aterrizan en Oahu, su tío Andrés los recibe en el aeropuerto. Andrés es piloto de helicóptero. Hoy es un día especial. ¡El tío Andrés va a llevar a Sergio y Katia a un paseo **aéreo** por la isla! Están ansiosos por tener la vista desde las alturas.

Andrés les muestra a Sergio y Katia cómo subir a sus asientos. Se colocan unos auriculares enormes para proteger los oídos del ruido. Pero estos no son auriculares cualquiera. ¡Son *walkie-talkies*! Sergio y Katia pueden escuchar cuando el tío Andrés les habla. Les dice que los helicópteros vuelan gracias a la ayuda de unos **rotores** largos. Estas aspas giran y cortan el aire. El movimiento **giratorio** crea la suspensión que impulsa el helicóptero hacia arriba. A medida que suben, las personas y los autos debajo parecen hormigas. Pronto, ¡están a 2,000 ft (600 m) de altura!

Diamond Head

Katia mira hacia abajo y ve un enorme hoyo en la tierra.
El tío Andrés les dice que hace 300,000 años, un volcán entró
en erupción. Ceniza caliente y pequeños trozos de tierra
volaron por el aire. Cuando se asentaron, se formó el cráter
Diamond Head. A Katia le llama la atención el tamaño.
Sergio y Katia quieren hacer algo más que ver el cráter desde
arriba. ¡Quieren escalar a la cima!

Luego del paseo aéreo, el tío Andrés los lleva en auto hasta
el cráter. Sergio se apresura para verlo de cerca. Pero el
sendero es difícil. ¡Por suerte trajeron sus resistentes botas
de montaña! Comienzan por el costado del cráter y escalan
una serie de **senderos en zigzag**. Sergio está cansado, pero
no han llegado a la cima todavía. Mira hacia delante y ve un
letrero que indica los 99 escalones finales. Finalmente, llegan
a la cima. Están ahora a 760 ft (230 m) sobre el nivel del mar.

El sol comienza a bajar, y es hora de volver. Sergio, Katia y
el tío Andrés comienzan el descenso por el costado del cráter.

14

Cuando están subiendo por el costado del cráter, los Burgos se encuentran con Jess y Kai, que están descendiendo. El tío Andrés les dice: "Ya hemos caminado por 20 minutos. ¿Cuánto tardaron ustedes en llegar a la cima?".

Jess dice: "Yo tardé el doble".

Kai agrega: "Yo voy un poco más lento. En verdad, tardé el triple".

1. ¿Cuánto tardó Jess en llegar a la cima?
2. ¿Cuánto tardó Kai en llegar a la cima?

Senderistas suben por Diamond Head.

Maglev en movimiento

Del otro lado del mundo, otra familia baja de un avión. Sheng y Lin Liu han estado esperando este día durante meses. Los Liu acaban de pasar tres horas en un avión hacia Shanghái, China. ¡Están emocionados por visitar a su familia! Además, pueden conocer la ciudad. Solo un viaje más, ¡y estarán en camino!

Los Liu van al sector de equipaje y toman sus maletas. Lin ve un letrero del tren *maglev*. *Maglev* es la abreviatura de *magnetic levitation*; en español "**levitación** magnética". ¡Este tren de alta velocidad es el más rápido del mundo! Los llevará a la estación Longyang Road cerca del centro de Shanghái. Lin lleva a su familia escaleras arriba y salen por las puertas frontales hacia el tren. ¡No ve la hora de ver qué tan rápido va!

Maglev de Shanghái

La familia Liu aborda el *maglev*, y este comienza a moverse.
Comienza lento, pero luego toma velocidad. El *maglev* puede llegar a
una velocidad de 268 millas por hora (431 kilómetros por hora). Eso
significa que solo tardarán 8 minutos en llegar desde el aeropuerto
hasta Longyang. Si fueran en auto, tardarían unos 20 minutos. Sheng
le pregunta a su papá cómo es que el tren viaja tan rápido. Su papá
responde que hay fuertes imanes en la parte inferior del tren y en la
vía. Cuando pasa electricidad por la vía, la fuerza es aún más fuerte
que la gravedad. Aleja el tren del metal. ¡El *maglev* flota en el aire
sobre su vía!

Lin aprendió sobre el **electromagnetismo** en la escuela. La maestra
les pidió que enroscaran un alambre alrededor de un clavo. Luego,
que tocaran cada extremo del alambre con los extremos de una batería.
¡Lin pudo usar el alambre para levantar un clip! Esto es similar al
modo en el que funciona el *maglev*.

BATERÍA

La clase de Lin trabajó en equipos para construir versiones pequeñas de electroimanes. Primero, los equipos tuvieron que enrollar alambre alrededor de unos clavos 40 veces. Lin dijo: "Si cada uno de nosotros enrolla 8 vueltas de alambre, ¡lo terminamos!".

1. ¿Cuántos estudiantes había en el equipo de Lin? Completa la ecuación:

   ___ estudiantes × 8 vueltas de alambre = 40 vueltas de alambre

2. Había 6 equipos de estudiantes en la clase de Lin. Cada equipo construyó un electroimán. ¿Cuántas vueltas de alambre tuvo que dar la clase en total?

Rieles

Bobina de levitación y guía

Bobina de propulsión

Vía para las ruedas

Estructura de las vías

Ling y Sheng miran por la ventana del *maglev*. Ven cómo la ciudad pasa muy rápido. Pueden ver la Torre de Shanghái a la distancia. Se trata del edificio más alto de China. Esta torre enroscada tiene 2,073 ft (632 m) de alto. ¡Eso es más de ocho aviones apilados tocando la nariz con la cola!

También pueden ver la torre Perla Oriental, una torre de radio y televisión. Lin piensa que parece un cohete. Ve un letrero en el *maglev* sobre un restaurante giratorio en la torre. Se encuentra en los pisos intermedios. Sheng quiere pararse sobre el suelo de vidrio de alguno de los miradores. ¡Quiere mirar hacia abajo para ver qué tan lejos está el suelo!

Llegan a la estación Longyang Road en un tiempo que parece haber durado nada. Lin, Sheng y sus padres bajan del tren. ¡Ya están listos para explorar las vistas y sonidos de Shanghái!

Torre de radio y televisión Perla Oriental

Estación Longyang Road

Diversión de dos pisos

Antes de que los Liu puedan ir a conocer la ciudad, necesitan dejar sus maletas en el hotel. Suben a un autobús, y Sheng mira alrededor con asombro. ¡El autobús tiene dos niveles! Es un autobús de dos pisos. Él y Lin quieren sentarse en el piso superior. El piso superior no tiene techo, ¡así que hay mucho para ver!

Mientras viajan, Sheng y Lin miran hacia la izquierda y derecha para ver todo. El viaje en autobús no es tan rápido como el *maglev*. Trasladarse por una ciudad ajetreada significa que el autobús debe hacer varias paradas. El conductor tiene que obedecer las señales de tránsito. Y, además, debe prestar atención a los **peatones**.

El autobús los lleva a Shanghai World Financial Center. Es el segundo edificio más alto de la ciudad. Posee oficinas, tiendas ¡y hasta un hotel en el piso 79! ¡Lin no puede creer que vayan a hospedarse aquí!

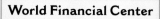

World Financial Center

Turistas en Shanghái observan todo desde un autobús sin techo.

El autobús de doble piso hace 9 paradas mientras los Liu se dirigen hacia Shanghai World Financial Center.

1. En cada parada, 6 pasajeros bajan del autobús. ¿Cuántos pasajeros bajan en total del autobús?

2. En cada parada, 7 pasajeros suben al autobús. ¿Cuántos pasajeros nuevos suben al autobús?

3. ¿Hay más pasajeros que bajan o que suben del autobús? ¿Cuántos más?

Viaje subterráneo

Ahora que se han instalado en el hotel, la familia está lista para más diversión. Próxima parada: ¡visitar a la familia! Los Liu caminan hasta la estación del metro más cercana y bajan unas largas escaleras. El metro es un sistema de trenes que van por toda la ciudad. El sistema del metro de Shanghái está considerado como la red de sistema único más larga del mundo.

Mientras esperan el tren, Sheng ve altas paredes de vidrio a los costados de la plataforma. Su mamá le dice que esas paredes bloquean el ruido de los trenes.

Sheng se cubre los oídos. ¡Su mamá no bromeaba cuando dijo que los trenes hacían mucho ruido! A diferencia del *maglev*, los trenes del metro usan ruedas de metal que viajan por vías metálicas. Esto genera ruido. Para detenerse, los frenos hacen fuerza sobre las vías. Esto genera una fuerza llamada **fricción**. La fuerza detiene el tren. Pero también hace ruido. Sheng prefiere el *maglev* flotante. ¡Era rápido, suave y *silencioso*! Pero cuando Sheng mira a su hermana, Lin está sonriendo. ¡Para ella el metro es como un paseo en una montaña rusa! ¡Le gustaría viajar en metro todo el día!

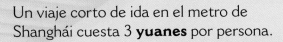

Un viaje corto de ida en el metro de Shanghái cuesta 3 **yuanes** por persona.

1. ¿Cuánto paga la familia Liu por el viaje de 4 personas en el metro?

2. Un pase del metro de 24 horas cuesta 18 yuanes por persona. ¿Cuántas veces más caro es este pase que un viaje de ida?

Una estación del metro en Shanghái

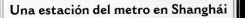

陆家嘴
Lujiazui

25

Los Ángeles, Estados Unidos

Cancún, México

26

¿A dónde irás?

Los Burgos y los Liu viajaron a lugares lejanos. Vieron cosas increíbles. Un cráter gigante desafió las habilidades de senderismo de los Burgos. Rascacielos altísimos maravillaron a los Liu. Los aviones los ayudaron a viajar distancias largas en poco tiempo. Un helicóptero y un autobús los ayudaron a conocer nuevos lugares. El *maglev* y el metro facilitaron los recorridos.

¿A dónde quieres ir? ¿Quieres visitar una isla tropical? ¿O prefieres una ciudad? Tal vez quieras quedarte cerca de casa. ¡Conocer qué ofrece tu ciudad también puede ser divertido! La próxima vez que viajes, ya sea lejos o cerca, ¡recuerda que el viaje en sí es también parte de la diversión!

Parque nacional Banff en Canadá

⚙️ Resolución de problemas

    Los Burgos y los Liu salieron de vacaciones en familia. Pero a algunas personas les gusta viajar en grupos más grandes. A menudo, las agencias de viaje ayudan a estos grupos en la organización. Compran boletos y reservan asientos en los aviones, trenes y autobuses. Reservan habitaciones de hotel y mesas en los restaurantes.

    Kaya, una operadora de una agencia de viajes, está reservando un viaje para un grupo de 100 personas. El grupo necesitará diversos medios de transporte durante el viaje. Kaya necesita planificar con atención las necesidades del grupo.

1. Completa la planificación para cada medio de transporte. Recuerda: hay 100 personas en el grupo.

    a. avión

        _____ hileras, 5 asientos en cada hilera

    b. autobús de dos pisos

        2 pisos, _____ pasajeros en cada piso

    c. metro

        10 vagones, _____ pasajeros en cada vagón

    d. helicóptero

        _____ helicópteros, 4 pasajeros en cada helicóptero

2. Escribe una ecuación multiplicativa para cada medio de transporte para demostrar que cada planificación funcionará.

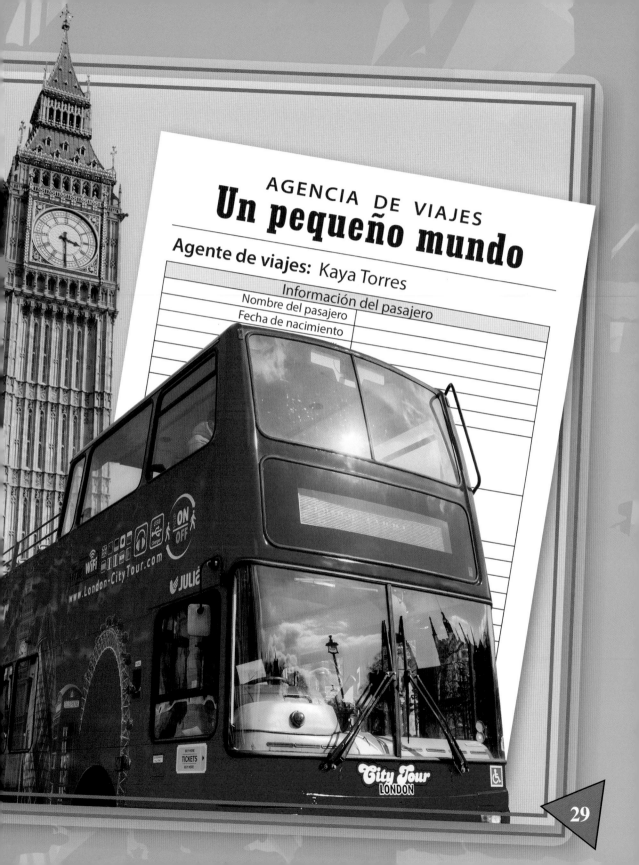

AGENCIA DE VIAJES
Un pequeño mundo

Agente de viajes: Kaya Torres

Información del pasajero	
Nombre del pasajero	
Fecha de nacimiento	

Glosario

aéreo: visto desde arriba

banda transportadora: una larga banda de material que lleva objetos de un lugar a otro

electromagnetismo: el magnetismo que proviene de una corriente de electricidad

empuje: una fuerza que mueve las cosas hacia delante

fricción: una fuerza que hace que un objeto en movimiento baje la velocidad al tocar otro objeto

fuerzas: las distintas maneras en las que se manifiesta la capacidad de mover algo

giratorio: que da vueltas alrededor de un punto central

gravedad: una fuerza que actúa entre los objetos, jalando uno hacia el otro

intercomunicador: un sistema que permite que una persona hable por un micrófono y sea escuchada en otro lugar

levitación: el acto de elevarse en el aire

peatones: personas que caminan

resistencia: una fuerza que jala las cosas hacia abajo

rotores: partes de una máquina que se mueven alrededor de un punto central

senderos en zigzag: caminos sinuosos para subir una colina empinada

sustentación: una fuerza que se opone a la gravedad y que se genera por el movimiento que empuja las cosas hacia arriba

yuanes: la unidad monetaria de China

Índice

China, 17, 20

electromagnetismo, 18

empuje, 8–10

fricción, 24

gravedad, 8–10, 18

Hawái, 6, 10–12

Oahu, 10–11, 13

resistencia, 8–10

Shanghái, 17, 20, 22–25

Shanghai World Financial
    Center, 22–23

sustentación, 8–10

torre de radio y televisión
    Perla Oriental, 20

Torre de Shanghái, 20

Soluciones

Exploremos las matemáticas

página 7:

1. 24 maletas

2. 3 maletas por persona

página 11:

1. 30 mi de ancho

2. 10 mi de ancho

página 15:

1. 40 min

2. 60 min

página 19:

1. 5

2. 240 vueltas de alambre

página 23:

1. 54 pasajeros

2. 63 pasajeros

3. Subieron más pasajeros al autobús; 9 más

página 25:

1. 12 yuanes

2. 6 veces más caro

Resolución de problemas

1. **a.** 20
   b. 50
   c. 10
   d. 25

2. $20 \times 5 = 100$; $2 \times 50 = 100$; $10 \times 10 = 100$; $25 \times 4 = 100$